VENTE

Du Mercredi 8 Juin 1904

HOTEL DROUOT, SALLE N° 9

à 2 heures 1/2

TABLEAUX

AQUARELLES & PASTELS

PAR

Eugène DELESTRE

COMMISSAIRE-PRISEUR

Mᵉ LÉON TUAL

EXPERT

M. HECTOR BRAME

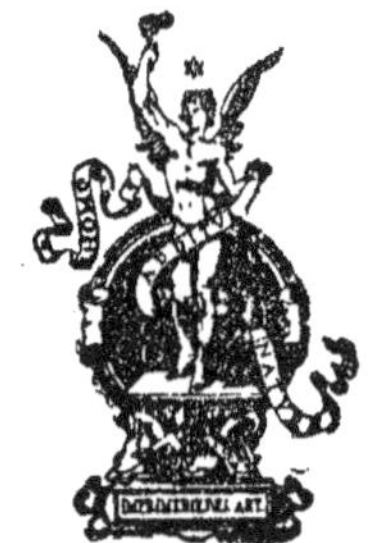

CATALOGUE

DES

TABLEAUX

AQUARELLES ET PASTELS

PAR

Eugène DELESTRE

DONT LA VENTE AURA LIEU

HOTEL DROUOT, SALLE N° 9

LE MERCREDI 8 JUIN 1904

à 2 heures 1/2

COMMISSAIRE-PRISEUR	EXPERT
Mᵉ LÉON TUAL	**M. HECTOR BRAME**
56, rue de la Victoire	2, rue Laffitte

EXPOSITION PUBLIQUE

Le Mardi 7 Juin 1904, de 1 heure 1/2 à 5 heures 1/2

CONDITIONS DE LA VENTE

Elle sera faite au comptant.

Les acquéreurs paieront *dix pour cent* en sus des prix d'adjudication.

L'exposition mettant le public à même de se rendre compte de l'état et de la nature des objets, il ne sera admis aucune réclamation une fois l'adjudication prononcée.

Paris. — Imprimerie de l'Art, E. Moreau et Cⁱᵉ, 41, rue de la Victoire.

AVANT-PROPOS

Au mois de mai de l'année dernière, ayant à rendre
compte, dans le *Journal des Arts*, d'une Exposition faite
à La Bodinière par deux jeunes peintres, M. Émile Brin
et Eugène Delestre, nous disions, à propos des envois de
M. Delestre à cette Exposition :

« M. Delestre, lui, est avant tout et presque exclusive-
ment un paysagiste qui, tout en cherchant de préférence
les impressions mélancoliquement douces des crépuscules,
où la terre et les eaux disparaissent peu à peu dans la
pénombre des gris enveloppants, sait y mettre beaucoup
de netteté et d'énergie, grâce à un mode de facture qui
procède par touches vigoureuses de pleine pâte.

Il aime les tournants de rivières et les tournants de
routes au delà desquels se développent de vastes horizons
bornés de collines bleuâtres, de bois ou de prairies, où
règnent les verdures foncées; les chemins un peu arides
qui mènent à travers des plis de terrains, d'où tout à coup
émerge un village entier. Il aime aussi les effets du soir,
très nombreux chez lui, et chacun de ces effets lui est
prétexte à ces études de ciels, où souvent passent des
nuages sombres chargés de pluie, des profondeurs des-
quelles jaillissent comme autant de flèches lumineuses des
rayons égarés de soleil. En pleine campagne, dans les
champs aux blés coupés, il se complaît à dresser des
meules de gerbes, de foins ou de fourrages, qu'il laisse

ensuite exposées à toutes les intempéries, à toutes les variations atmosphériques des fins d'été et des commencements d'automne. Fréquemment, ses ciels un peu mouillés sont remplis de lueurs grises, jaunes ou rouges, qui illuminent dans l'espace des horizons étendus, s'accrochant à la cime des arbres ou aux toits des maisons, quand elles ne se reflètent pas dans les profondeurs des eaux. »

L'artiste, dont nous avions ainsi essayé de caractériser le talent, se présente de nouveau au public; mais, cette fois, c'est à l'Hôtel des Ventes qu'il se manifeste et convoque l'opinion à juger ses œuvres.

En attendant que l'opinion se prononce, nous allons dire quel homme est M. Delestre et quelle tâche, comme peintre, il a déjà accomplie.

Eugène Delestre est né à Paris, de parents eux-mêmes Parisiens. Néanmoins, c'est en Bretagne que ses premières années s'écoulèrent au milieu des légendes du pays d'Armor. Les impressions qu'il y sentit lui vinrent des contrastes merveilleux de poésie, de charme et de rudesse qu'offraient à sa contemplation le Finistère et les Côtes-du-Nord. Ces impressions, qui développèrent les tendances du Celte qui est en lui, ne furent pas sans influence plus tard sur la voie qu'il suivit comme artiste.

A vingt ans, il revient à Paris, entre à l'École des Beaux-Arts, et, élève de l'atelier Guadet, apprend, sous la direction de ce maître, le dessin et l'architecture. Il remporte plusieurs médailles en 1re classe. Lauréat de l'Institut, au Concours Achille Leclère, du Salon des Artistes français, du Concours National de l'Opéra-Comique, il s'adonne, dès 1889, à la pratique de sa profession. Il édifie, à Paris et en province, de nombreux hôtels particuliers, des châteaux, des immeubles de rapport, travaux toujours

empreints d'un goût épuré et personnel, lorsque sa clien-
tèle ne lui impose pas une reconstitution purement archéo-
logique. Tout en s'adonnant à l'architecture, il s'essaye à
faire de l'aquarelle et peint aussi, d'après nature, les paysages qu'il rencontre.

Sur les conseils d'un ami de sa famille, il soumet, en
1900, ses essais d'aquarelles au maître Harpignies, qui
l'engage à envoyer au Salon de la Société des Artistes
français. En 1901, il y expose deux cadres d'aquarelles qui
furent alors très remarquées.

Au lendemain de ce succès, il se mit à peindre à
l'huile. Bien décidé à travailler seul, et selon les impul-
sions de sa nature, il évite les conseils, ne se souciant ni
des principes, ni des écoles, vivant à peu près à l'écart des
peintres contemporains. Il ne tarde pas, d'ailleurs, à
délaisser l'usage du pinceau pour ne se servir que de
truelles en bois, avec lesquelles il peint toujours en pleine
pâte, sans essence, sans huile, n'employant les couleurs
que telles qu'elles sortent des tubes.

Admirablement préparé par ses études précédentes à
l'aquarelle, il se révèle assez promptement dans son
entourage comme peintre à l'huile de paysages et de ma-
rines.

A ce titre, il expose pour la première fois au Cercle
Volney en 1902 et fait recevoir au Salon une toile remar-
quable que l'on retrouvera à la Vente : *La Marne au pont
d'Annet*, et obtint une médaille d'or à l'Exposition Internationale de Lille.

En 1903 et 1904, des œuvres de lui figurèrent au Salon,
au Volney, aux Indépendants et à diverses Expositions
ouvertes en province, a Nantes, Angers, Pau, Versailles,
Reims, Dieppe et Nancy, sans compter l'Exposition à La
Bodinière que nous avons rappelée plus haut, qui attira,

sur Emile Brin et sur lui, l'attention de la critique et celle des amateurs.

Il est de ceux qui, au mois d'octobre, après le Salon d'automne, furent élus sociétaires.

Plusieurs de ses toiles ont été acquises par des Musées, notamment les Musées de Morlaix, de Saint-Germain-en-Laye et de La Ferté-Macé. Il a au Salon de cette année une toile d'une pénétrante harmonie, *Le Calme du soir*, et une aquarelle qui, pour être solidement traitée, n'en est pas moins une œuvre tout imprégnée de la douceur de ce charme particulier à l'heure paisible où le jour va disparaître dans les mystérieuses profondeurs de la nuit, *La Seine à la Frette, au Crépuscule*.

L'ensemble d'ouvrages que M. Eugène Delestre exposera dans quelques jours à l'Hôtel Drouot est considérable. Ce qui en fait l'intérêt, c'est que cet ensemble est essentiellement original et personnel. Le peintre, ici, n'est ni classique, ni impressionniste dans le sens exagéré du mot, ni tachiste, ni pointilliste ; sans doute, consciemment, inconsciemment aussi peut-être, il a subi des influences, mais il n'a pas subi de joug. Toujours fidèle à son idéal, il s'est efforcé de rester lui-même, chose rare et estimable. Aussi, considérés en bloc ses tableaux, ses aquarelles et ses pastels offrent-ils ce résultat curieux et attirant d'une vision très poétique dans ses contrastes voulus, très variée dans ses interprétations, au moyen d'un procédé d'une rare audace et d'une réelle puissance.

On en pourra juger par l'examen des tableaux, pastels ou aquarelles faisant partie de la Vente qui nous occupe. Le peintre nous y montre la nature sous les aspects successifs que lui donne chacune des heures de la journée ; et ces heures elles-mêmes se caractérisent par des notes différentes, depuis les pâleurs du matin jusqu'aux langueurs du crépuscule, en passant par les chaudes clartés du midi. Il nous promène au gré de sa fantaisie à travers les plaines de la Brie, le long des bords de la Marne ou de la Seine, dans les sentiers et sur les rivages de la Bretagne. Il nous arrête devant les meules, les javelles, les pigeonniers d'autrefois, les humbles toits de chaumes et de tuiles; ou bien il nous fait suivre de l'œil la trace sur l'eau des lourds chalands et des légères barques de pêcheurs. Puis il nous conduit à travers des champs fleuris ou des sentes solitaires sur des hauteurs d'où le regard embrasse de vastes horizons, au milieu desquels des villages entiers semblent dormir auprès de fleuves et de rivières qui lentement s'en vont se perdre dans la brume lointaine.

Faut-il signaler particulièrement quelques-unes des œuvres d'où nous avons tiré cette impression générale? Nous citerons parmi les peintures : *La Marne au pont d'Annet* (Salon de 1902) ; *Le Fleuve* (Salon d'automne) : *L'Entrée du village de Maisonscelles en Brie; Champs abandonnés envahis par les fleurs, près Verneuil; La Plage de Pen-Thir* (Bretagne); *Les Régates à Duclair; La Seine au pont d'Asnières, par un temps de brume; La Seine à Vernonnet, à la tombée de la nuit; La Plaine d'Annet; L'Hiver; La Seine près de Médan, le matin; La Fillette à la chèvre; Le Vieux Pigeonnier d'Annet-sur-Marne.*

Parmi les aquarelles et pastels : *Suite de neuf aquarelles* (Salon de 1902. — Médaille d'or à l'Exposition internationale de Lille); *Le Remorqueur; La Seine à la Frette, nuit tombante; Le Pont de Poissy* (Salon d'automne); *Le Lac de Saint-James* (Bois de Boulogne); *La Tour penchée d'Annet-sur-Marne; La Marne près du pont d'Annet; Annet-sur-Marne, vu de la propriété de M. A. G.; Le Seine au pont d'Asnières, effet de nuit tombante; Sur les hauteurs de Carnetin.*

Nous avons suivi avec intérêt, depuis plusieurs années, M. Eugène Delestre dans ses efforts multiples et constaté ses rapides progrès. Aussi, est-ce avec plaisir que nous signalons son œuvre aux artistes et aux amateurs éclairés. Sans doute cette œuvre soulèvera des discussions. N'est-ce pas ce qui arrive d'ordinaire aux productions de ceux qui ont un tempérament original et une volonté personnelle? Une volonté personnelle et un tempérament original, c'est, en effet, ce qui distingue la manière de faire de ce peintre ; et c'est pourquoi nous souhaitons à sa vente tout le succès que méritent ses efforts.

AUG. DALLIGNY,

DÉSIGNATION

PEINTURE

1 — *La Marne au pont d'Annet.* Salon des Artistes français, 1902, n° 481.

> Haut., 1 m. 14 cent.; larg., 1 m. 62 cent.

2 — *Le Fleuve.* Salon d'automne, 1903, n° 168.

> Haut., 1 m. 14 cent.; larg., 1 m. 62 cent.

3 — *Champs abandonnés envahis par les fleurs, près de Verneuil.*

> Haut., 55 cent.; larg., 82 cent.

4 — *La Plage de Pen-Thir, Bretagne.*

> Haut., 55 cent.; larg., 82 cent.

5 — *L'Hiver.*

> Haut., 48 cent.; larg., 82 cent.

6 — *Les Régates à Duclair.*

> Haut., 39 cent ; larg., 59 cent.

7 — *La Seine au pont d'Asnières par temps de brume.*

> Haut., 33 cent.; larg., 46 cent.

8 — *La Seine à Vernonnet à la tombée de la nuit.*

> Haut., 33 cent.; larg., 46 cent.

9 — *La Plaine d'Annet-sur-Marne.*

Haut., 33 cent.; larg., 46 **cent.**

10 — *La Seine près Medan, le matin.*

Haut., 27 cent.; larg., 40 cent.

11 — *Le Vieux Pigeonnier d'Annet-sur-Marne.*

Haut., 38 cent.; larg., 55 cent.

12 — *La Seine à Vernonnet.*

Haut., 33 cent.; larg., 46 cent.

13 — *L'Entrée du village de Maisonscelles-en-Brie.*

Haut., 33 cent.; larg., 46 cent.

14 — *Les Bouleaux.*

Haut., 33 cent.; larg., 46 cent.

15 — *La Marne en amont du pont d'Annet.*

Haut., 33 cent.; larg., 46 cent.

16 — *Meule dans la plaine.*

Haut., 19 cent.; larg., 245 millim.

17 — *Près de Sannois.*

Haut., 25 cent.; larg., 36 cent.

18 — *Environs de la Frette en automne.*

Haut., 32 cent.; larg., 46 cent.

19 — *Journée d'été à Chartrettes.*

Haut., 32 cent.; larg., 46 cent.

20 — *Le Matin à Poissy.*

Haut., 32 cent.; larg., 46 cent.

21 — *Viaduc et Aqueduc de la Frette, en automne.*

Haut., 32 cent.; larg., 46 cent.

22 — *Champs abandonnés en fleurs.*

Haut., 26 cent.; larg., 46 cent.

23 — *Le Village de Carnetin à la tombée de la nuit.*

Haut., 24 cent.; larg., 35 cent.

24 — *La Seine près Vernonnet.*

Haut., 33 cent.; larg., 46 cent.

25 — *La Seine près Médan.*

Haut., 33 cent.; larg., 46 cent.

26 — *La Seine près Vernonnet à travers les arbres, le soir.*

Haut., 33 cent.; larg., 46 cent.

27 — *Le Pêcheur à la ligne.*

Haut., 32 cent.; larg., 46 cent.

28 — *Javelles, le soir.*

Haut., 33 cent.; larg., 46 cent.

29 — *Meules près Maisonscelles-en-Brie.*

Haut., 27 cent.; larg., 41 cent.

30 — *Sur les hauteurs de Vernonnet.*

Haut., 27 cent.; larg., 41 cent.

31 — *Fillette à la chèvre.*

Haut., 27 cent.; larg., 41 cent.

32 — *Les Pêcheurs à la ligne.*

Haut., 27 cent.; larg., 40 cent.

33 — *La Marne près la Varenne-Saint-Hilaire, au printemps.*

Haut., 43 cent.; larg., 59 cent.

34 — *La Marne à Quiquengrogne, crépuscule.*

Haut., 33 cent.; larg., 46 cent.

35 — *Vieille Église près Villers-sur-Mer.*

Haut., 44 cent.; larg., 59 cent.

36 — *Dernier Reflet du soleil couchant à Annet.*

Haut., 22 cent.; larg., 46 cent.

37 — *Le Bois d'Amour à Pont-Aven, Bretagne.*

Haut., 43 cent.; larg., 59 cent.

38 — *Bourrasque dans la plaine d'Annet.*

Haut., 26 cent.; larg., 46 cent.

39 — *Meules neuves et vieilles meules.*

Haut., 32 cent.; larg., 46 cent.

40 — *Un Coin du village d'Annet-sur-Marne.*

Haut., 33 cent.; larg., 46 cent.

41 — *Sur les hauteurs d'Herblay, le soir.*

Haut., 215 millim.; larg., 35 cent.

42 — *La Seine près Villennes, le soir.*

Haut., 17 cent.; larg., 34 cent.

43 — *La Basse Plaine à Annet-sur-Marne.*

Haut., 33 cent.; larg., 46 cent.

44 — *Sur les hauteurs de Villennes, en automne.*

Haut., 19 cent.; larg., 385 millim.

45 — *Chemins près Annet-sur-Marne.*

Haut., 24 cent.; larg., 35 cent.

46 — *Groupe de meules, le soir, à Annet.*

Haut., 25 cent.; larg., 46 cent.

AQUARELLES

47 — *Près le pont de Poissy.* Salon d'automne, 1903,
n° 645.

Haut., 35 cent.; larg., 255 millim.

48 — *Le Remorqueur, Conflans-Sainte-Honorine.*

Haut., 305 millim.; larg., 465 millim.

49 — *Fin de jour sur la Marne, Annet.*

Haut., 33 cent.; larg., 50 cent.

50 — Neuf aquarelles groupées : *Bretagne et Environs
de Paris.* Salon des Artistes français, 1901 (N° 2332).
— Médaille d'or, Exposition internationale de Lille,
1902.

Haut., 94 cent.; larg., 1 m. 20 cent.

51 — *La Seine à la Frette, à la nuit tombante.*

Haut., 25 cent.; larg., 49 cent.

52 — *Annet-sur-Marne, vu de la propriété de M. A. C.*

Haut., 305 millim.; larg., 46 cent.

53 — *La Basse Plaine d'Annet, au printemps.*

Haut., 30 cent.; larg., 46 cent.

54 — *Un Coin de la Marne, à Annet.* Médaille d'or, Exposition internationale de Lille, 1902.

Haut., 30 cent.; larg., 46 cent.

55 — *La Tour penchée d'Annet-sur-Marne, le soir.*

Haut., 23 cent.; larg., 32 cent.

56 — *L'Approche de l'orage en plaine.*
>Haut., 33 cent.; larg., 49 cent.

57 — *Bordure de bois, à Annet-sur-Marne, nuit d'été.*
>Haut., 27 cent.; larg., 47 cent.

58 — *Vieux Pigeonnier, à Carnetin.*
>Haut., 31 cent.; larg., 46 cent.

59 — *Chemin de Meules, à Annet-sur-Marne.*
>Haut., 16 cent.; larg., 24 cent.

60 — *L'Allée de Louches, à Annet en été.*
>Haut., 32 cent.; larg., 47 cent.

61 — *Coin de la Marne, par soleil et grand vent, Annet.*
>Haut., 17 cent.; larg., 25 cent.

62 — *Sous l'Estacade de la plâtrière, à Annet.*
>Haut., 29 cent.; larg., 45 cent.

63 — *La Marne en amont du pont d'Annet.*
>Haut., 295 millim.; larg., 455 millim.

64 — *Près le champ de courses de Maisons-Laffitte.*
>Haut., 26 cent.; larg., 455 millim.

65 — *Arbres fruitiers en fleurs, à la Frette.*
>Haut., 215 millim.; larg., 28 cent.

66 — *La Marne à Annet, après la pluie.*
>Haut., 22 cent.; larg., 315 millim.

67 — *Sur les hauteurs de Carnetin.*
>Haut., 31 cent.; larg., 46 cent.

68 — *Les Châtaigniers de Seugy, au printemps.*

Haut., 31 cent.; larg., 46 cent.

69 — *Chaland près du pont d'Annet-sur-Marne.*

Haut., 31 cent.; larg., 46 cent.

70 — *Chemin des Meules près Annet, nuit d'été.*

Haut., 245 millim.; larg., 465 millim.

71 — *Le Lac de Saint-James, Bois de Boulogne.*

Haut., 24 cent.; larg., 34 cent.

72 — *Environs de Carnetin.*

Haut., 25 cent.; larg , 34 cent.

73 — *L'Entrée du village d'Annet-sur-Marne.*

Haut. 31 cent.; larg., 46 cent.

74 — *L'Allée de Louches à Annet, la nuit.*

Haut., 29 cent.; larg., 44 cent.

75 — *Le Village de Varennes en Brie.*

Haut., 5 cent.; larg. 285 millim.

76 — *Coin de Seine à Herblay.*

Haut., 205 millim.; larg., 10 cent.

PASTELS

77 — *La Seine au pont d'Asnières, le soir.* Aquarelle et
pastel.

Haut., 215 millim.; larg., 29 cent.

78 — *Près l'Ile de la Jatte, le soir.*

Haut., 32 cent.; larg., 5o cent.

79 — *La Marne au pont d'Annet, le soir.*

Haut., 33 cent.; larg., 5o cent.

80 — *Fin de Jour en plaine.*

Haut., 33 cent.; larg., 5o cent.

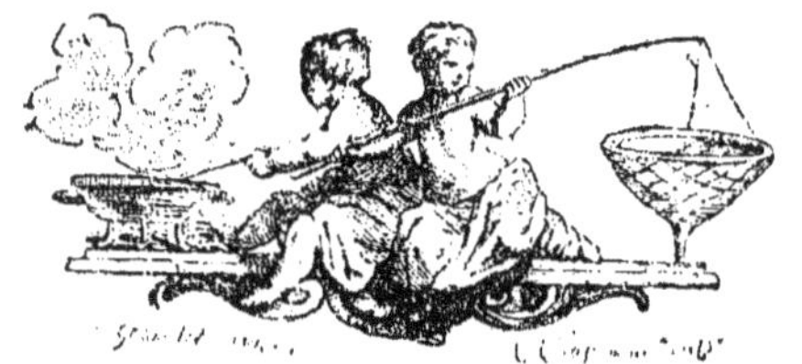